HOPITAL

ET

DISPENSAIRE FRANÇAIS

A LONDRES

40, Lisle Street, Leicester Square

RÉSUMÉ

DES

SOUSCRIPTIONS

RECUEILLIES PAR

FLAGEOLLET FRÈRES & Cie

Membres Honoraires Correspondants

A BOULOGNE-SUR-MER

Novembre & Décembre 1876

Typographie et Lithographie N. Berr, 63, Rue Neuve-Chaussée.

HOPITAL

ET

DISPENSAIRE FRANÇAIS

A LONDRES

40, Lisle Street, Leicester Square

—◦◦○◦◦—

RÉSUMÉ

DES

SOUSCRIPTIONS

RECUEILLIES PAR

FLAGEOLLET FRÈRES & Cie

Membres Honoraires Correspondants

A BOULOGNE-SUR-MER

Novembre & Décembre 1876

—◦◦○◦◦—

Typographie et Lithographie N. Berr, 63, Rue Neuve-Chaussée.

LETTRE

à

MONSIEUR LE MAIRE DE BOULOGNE

Boulogne-sur-Mer, le 17 Décembre 1876.

Monsieur le Maire,
Messieurs les Conseillers Municipaux de la Ville
de Boulogne-sur-Mer.

MESSIEURS,

Confiants dans l'esprit de générosité qui préside toujours à vos décisions, nous avons l'honneur de solliciter votre concours en faveur d'une institution à laquelle vous ne pouvez manquer de vous intéresser. Nous voulons parler de l'Œuvre de l'*Hôpital et Dispensaire Français de Londres,* où des milliers de nos compatriotes trouvent chaque année les soins réclamés par la maladie et la misère. Soutenu par des contributions volontaires, ainsi que vous pourrez le voir dans la notice ci-annexée, cet établissement modèle rend les plus grands services aux Français que le malheur atteint dans la grande Cité, et vous n'ignorez pas combien sont nombreux ces pauvres gens.

Déjà, en 1868, agissant comme nous le faisons aujourd'hui au nom du Comité central de l'Œuvre et en vertu de ses pouvoirs, nous avons fait appel à la sympathie de l'Administration Boulonnaise et nous avons été assez heureux pour voir notre requête accueillie, le Conseil municipal a bien voulu souscrire une somme de fr. 200 ».

En présence de besoins toujours croissant, nécessitant,

cela va sans dire, des ressources plus considérables, nous avons l'intention de reprendre, parmi nos concitoyens, la souscription que les malheurs de la guerre de 1870-71 nous ont forcé d'interrompre, et nous venons vous demander de vouloir bien, Messieurs, nous aider dans cette tâche en accordant à l'Œuvre de l'*Hôpital et Dispensaire Français de Londres*, une nouvelle souscription.

Nous vous serions d'autant plus reconnaissants de ce vote qu'il aurait évidemment, sur le résultat général de la souscription, à Boulogne, une influence incontestable et vaudrait certainement aux malheureux intéressés beaucoup plus que la somme, quelle qu'elle fut, dont vous grèveriez, à leur intention, le budget communal.

Nous sollicitons donc à la fois et une offrande pécuniaire et un concours moral. Il s'agit, vous le savez, Messieurs, d'une Œuvre essentiellement française, d'une institution véritable Providence pour nos compatriotes et vous tiendrez, nous ne saurions en douter, à inscrire une seconde fois le nom de la ville de Boulogne sur la liste de ses bienfaiteurs.

Cet espoir nous est d'autant plus facile à exprimer que l'Hôpital sur lequel nous appelons votre bienveillance a donné souvent et donne encore chaque jour les soins les meilleurs à des Boulonnais proprement dits, résidant à Londres, ainsi qu'à beaucoup de personnes de nos environs. Ces faits nous sont affirmés par une lettre du Secrétaire de l'Etablissement en date du 13 Septembre courant.

Veuillez agréer, Messieurs, l'assurance de notre considération la plus distinguée.

(Signé) : FLAGEOLLET FRÈRES & Cᵒ.

RÉPONSE
de

MONSIEUR LE MAIRE DE BOULOGNE

VILLE
de
BOULOGNE-SUR-MER
(Pas-de-Calais)

OBJET :
Souscription de la Ville
en faveur de l'Hôpital
Français de Londres

Nº 78.059

Boulogne-sur-Mer,
le 25 Octobre 1876.

*Le Maire de la Ville de Boulogne-sur-Mer
à Messieurs Flageollet Frères & Cº,
Négociants en Ville.*

MESSIEURS,

J'ai l'honneur de vous informer que sur ma proposition, et dans sa séance du 7 de ce mois, dont le procès-verbal a été adopté hier, le Conseil municipal, accueillant votre pétition, a voté une subvention de fr. 200 », comme souscription de la Ville de Boulogne à l'Œuvre de l'Hôpital Français de Londres, dont vous êtes ici les représentants.

Je suis heureux de vous transmettre, Messieurs, l'avis officiel de ce témoignage de sympathie des Représentants de la Cité, pour une Œuvre digne du plus cordial intérêt.

Dès que me parviendra l'approbation réglementaire de la délibération du Conseil, je m'empresserai de vous faire parvenir, en votre nom, un mandat sur la Caisse municipale pour l'importance de la subvention cotée.

Je vous renvoie ci-jointes les pièces que vous m'avez communiquées.

Agréez, Messieurs, l'assurance de ma considération distinguée.

Le Maire de Boulogne,

(Signé) : Aug. HUGUET.

LA PRESSE BOULONNAISE

Les Journaux de Boulogne, sans distinction d'opinion politique, ont été unanimes à prêter à l'Œuvre de l'Hôpital Français de Londres, le concours le plus bienveillant et le plus dévoué.

Voici quelques articles publiés par eux sur ce sujet :

LA FRANCE DU NORD

(N° du Vendredi 24 Novembre 1876)

Une des plus importantes maisons de commerce de Boulogne, celle de MM. Flageollet frères & Cie, s'occupe en ce moment d'une œuvre digne de l'intérêt de tous nos compatriotes et à laquelle les Boulonnais, en particulier, tiendront à honneur de venir en aide. Nous voulons parler de l'institution si connue à Londres, dans toute l'Angleterre, on peut même dire dans le monde entier, sous la dénomination collective d'*Hôpital et Dispensaire Français de Londres*.

Cet établissement typique est soutenu, on ne l'ignore pas, par des dons volontaires, il est l'un des plus complets que jamais réunion de philanthropes ait réussi à créer et à entretenir.

Fondé en 1867, sur l'initiative de généreux résidents français, aidés d'étrangers bienveillants, il offre un asile et des soins, non seulement à nos compatriotes, mais encore — et cela donne une idée exacte de l'institution — à toute personne parlant notre langue, quelle que soit sa nationalité.

Dès l'année 1861, M. le docteur Vintras, aidé de quelques amis, avait installé dans la grande ville un Dispensaire où soins et médicaments étaient fournis gratuitement aux malades connaissant le français, qu'ils fussent nés en France, en Belgique, en Suisse ou ailleurs. Cette institution, bien que toute primitive, n'en avait pas moins soigné plus de 10,000 malades lorsque fut fondé l'Hôpital proprement dit. La population de la métropole augmentant sans cesse, le Dispensaire était devenu insuffisant, et la création de l'Hôpital fut accueillie par des milliers de malheureux comme un bienfait véritable. Mais ce n'était pas tout que de créer un établissement de cette valeur, il fallait le faire vivre. On se décida à frapper un peu à toutes les portes. Le gouvernement français accorda une allocation annuelle; la chapelle française de Leicester Square donna une forte somme ; les princes d'Orléans prêtèrent aussi un généreux concours : enfin de riches banquiers, de nobles dames, nombre de bons cœurs, à tous les degrés de l'échelle sociale, apportèrent leur pierre à l'édifice charitable. De tous les coins du monde les offrandes se réunirent entre les mains des fondateurs, et le 1er décembre 1867 l'installation de l'Hôpital et du Dispensaire était suffisamment avancée pour en permettre l'accès aux malades.

Depuis cette époque, l'institution, soutenue par une bienveillance constante, voit chaque jour s'étendre son action et ses bienfaits. En six années, c'est le dernier rapport du Comité qui le constate, plus de *mille* malades internes ont été soignés avec le plus grand zèle, tandis que *vingt mille* personne recevaient des secours, médicaments, etc., à l'extérieur. Pour qui connaît l'immense cité Londonnienne et les souffrances qu'elle recèle, il y a là beaucoup de bien accompli, et il est facile à comprendre qu'on s'intéresse à pareille œuvre.

Cet intérêt s'impose d'autant plus à tous les cœurs français, que si prospère que soit relativement l'institution en elle-même, elle pourrait l'être davantage et faire plus de bien encore. Le nombre de lits limité à vingt est trop restreint et oblige souvent, à leur grand regret, les administrateurs à refuser à des malheureux un asile dont ils ont presque toujours le plus urgent besoin; il faudrait, dit encore le rapport du Comité, pouvoir augmenter le nombre des lits et agrandir le local. Mais de tels résultats ne peuvent s'obtenir sans de grandes dépenses et si le budget de l'Hôpital s'équilibre en ce moment, il n'est pas de force à soutenir des frais extraordinaires. De là le besoin si urgent de faire un nouvel appel aux cœurs généreux de toutes les nations et particulièrement à la France, plus directement intéressée à voir grandir un établissement qui lui appartient pour ainsi dire en propre.

Le Comité central a nommé dans plusieurs villes des correspondants qui sollicitent et reçoivent les souscriptions. A Boulogne, MM. Flageollet frères & Cie sont chargés de cette tâche. Durant les deux années qui ont précédé la guerre avec l'Allemagne, ils ont recueilli des sommes relativement considérables qui prouvent combien on a compris parmi nous l'importance de l'établissement et la nécessité de son existence.

Ils invitent donc aujourd'hui les âmes généreuses, à leur apporter, pour les Français malades loin de la patrie, une nouvelle obole doublement précieuse pour les malheureux auxquels elle est destinée. MM. Flageollet ont compris d'ailleurs toute l'importance de leur mission et pour la remplir au mieux, ils ont commencé par faire appel au Conseil municipal et à l'Administration de la ville de Boulogne. Cette demande a été couronnée de succès et le Conseil a voté, sur la proposition de M. le Maire, pour l'*Hôpital*

Français de Londres, une somme de deux cents francs. De plus, les mandataires du Comité, à Boulogne, organisent une souscription publique ; on ira à domicile stimuler la charité publique et rappeler aux heureux les souffrances de tant d'autres. C'est bien ainsi qu'il fallait que la chose fut faite et nous sommes certains que le succès justifiera le zèle et l'activité dont MM. Flageollet frères & Cie font preuve en cette circonstance.

Du reste, on ne saurait trop le dire, jamais établissement charitable n'a mérité plus que celui-là d'appeler les sympathies publiques et quelques autres détails de statistique sur ce qui s'y passe seront, croyons-nous, bien accueillis du lecteur.

On voit, en effet, dans le rapport cité plus haut que, durant l'année dernière, l'Hôpital a reçu, — à l'intérieur, cela va sans dire — 169 malades dont 128 français. Quant aux pauvres gens soulagés en dehors de l'établissement durant le même exercice, ils sont au nombre de 3402 parmi lesquels: 2147 français, 480 belges, 241 italiens, 226 anglais, 115 suisses, 95 allemands, etc., etc.

La situation financière de l'Hôpital se réglait fin mars 1876, par un actif de 422 livres sterling auquel il faut joindre les souscriptions annuelles qui s'élèveront, en 1876, à environ 1700 livres sterling (42.500 fr.), mais ces ressources sont bien maigres lorsqu'on les compare aux besoins. Il n'est personne de ceux qui connaisse Londres qui ne soit de cet avis.

Quelques mots sur l'organisation de l'institution présentent aussi un certain intérêt.

Des consultations gratuites sont données tous les jours par les premiers médecins de Londres, en tête desquels il faut citer : MM. les docteurs Gueneau de Mussy et A. Vintras. Les médicaments ordonnés par les médecins sont distribués gratuitement au Dispensaire. Les malades internes sont admis sur la recommandation d'un administrateur ou, en cas d'urgence absolue, sur la constatation du cas par le médecin de service.

L'établissement comprend des patrons ou gouverneurs à vie, des directeurs, des gouverneurs, un trésorier, un secrétaire, des auditeurs, des sœurs de charité, etc.

Une donation de vingt-cinq livres sterling, au moins, donne droit au titre de gouverneur à vie. Une souscription annuelle de deux années constitue un gouverneur; enfin tout versement de dix livres entraîne l'inscription sur la liste des membres fondateurs (funders).

Nombre de personnages de distinction appartenant à toutes les nations et à tous les partis, figurent au tableau des patrons, gouverneurs ou fondateurs. On y lit, en effet, les noms du roi des Belges, de l'*Hôpital Français*, de MM. le comte de Paris, duc de Chartres, duc d'Alençon, prince de Joinville, duc d'Aumale, duc de Montpensier, l'ambassadeur de France, baron Hambro, Baring frères & Cie, Bischoffheim et Goldschmith, *de Rothschild*, Rimmel, la duchesse de Newcastle, la princesse Gzartoryskya, le Comptoir d'Escompte, prince de la Tour-d'Auvergne, la duchesse de Sommerset, MM. le duc de Nemours, le comte d'Eu, Thiers, en qualité de Président de la République, Sir Richard Wallace, le Lord-Maire de Londres, Léon Say, Ferdinand Duval, M. et Mme la Maréchale de Mac-Mahon, Mme la duchesse Decazes : la Compagnie des Messageries maritimes, la Société générale de Paris, le Crédit lyonnais, la Compagnie des docks de Londres, et bien d'autres. Inutile d'allonger cette nomenclature, on voit combien et par qui l'œuvre est appréciée.

Il n'y a guère à ajouter à ce qu'on vient de lire, on comprend par ces détails sommaires l'influence que peut avoir sur le sort des Français habitant la capitale anglaise, l'*Hôpital et le Dispensaire Français*, et MM. Flageollet frères & Cie, peuvent attendre avec confiance le résultat final.

LA FRANCE DU NORD

(N° du Jeudi 30 Novembre 1876)

L'exemple de la ville de Boulogne et de ses généreux habitants peut être d'une importance considérable. Le Comité de l'Hôpital en a été frappé dans sa dernière réunion et l'idée a été fortement appuyée de l'ouverture d'une souscription dans toute la France pour arriver à réunir les fonds nécessaires pour construire un Hôpital digne de la France et en rapport avec les besoins de la métropole.

Les Allemands ont un Hôpital large, spacieux et parfaitement aéré ; pourquoi les Français n'en auraient-ils pas un de la même importance ?

L'IMPARTIAL

(N° du Samedi 25 Novembre 1876)

Loin du pays natal, sur la terre étrangère où la pitié même vous repousse au nom de la nationalité, que de malheureux sans ressources ont péri faute de soins, faute de l'assistance humanitaire, faute du refuge que la religion et la charité ont édifié en commun dans l'Hôtel-Dieu, dans la maison du pauvre.

Emu du sort de ces malheureux, le docteur Vintras, avec l'aide de quelques amis, eut la généreuse pensée, en 1861. de fonder un Dispensaire. où il donna gratuitement les soins de la médecine et les médicaments nécessaires à tous les indigents parlant français. Quoique cette institution ne put recueillir les malades, et que par suite ceux qui étaient hors d'état de se présenter aux consultations restassent sans ses secours, elle put soulager dix mille infortunés pendant cinq années.

Le 15 décembre 1866, quelques français et autres étrangers résidant à Londres cherchèrent les moyens de compléter l'œuvre du Dispensaire par un Hôpital, Un Comité provisoire fit appel à la générosité des personnes charitables, et bientôt il réunit un nombre suffisant de patrons pour assurer le succès de l'œuvre.

Dans le numéro du 22 février 1868, l'*Impartial* annonçait que sur la proposition de M. le Dr Livois, maire de Boulogne. le Conseil municipal avait voté, au nom de la ville. une souscription de 200 fr. à l'œuvre de la construction d'un Hôpital français à Londres.

Heureux des sympathies dont cette œuvre avait déjà été l'objet de la part de l'Administration, le Comité d'organisation fit savoir à M. Livois qu'il s'empresserait en échange, d'accueillir et de secourir les Boulonnais dont la position réclamerait ses soins.

Nos compatriotes expatriés ont donc rencontré dans la vaste métropole anglaise, des attentions et des marques d'intérêt qui leur étaient d'autant plus précieuses et mieux appréciées qu'elles leur avait fait défaut jusque-là.

Outre la souscription municipale, nos principales maisons de commerce voulurent contribuer à la fondation de cet Hôpital et adressèrent leurs cotisations importantes.

MM. Flageollet frères & Cie centralisèrent, dès l'origine, toutes les offrandes boulonnaises. Depuis 1867, ils consacrent à cette bonne action un incessant dévouement.

De toutes parts, en France, et partout où bat un cœur français, on comprit l'utilité de l'innovation. Le gouvernement impérial promit une allocation annuelle : les princes de la famille d'Orléans, toujours prêts à secourir leurs compatriotes infortunés, accordèrent tous de généreuses donations ; les offrandes abondèrent et bientôt on put réaliser le projet.

Le 1er décembre 1867, l'installation de l'Hôpital et du Dispensaire était suffisamment avancée pour en permettre l'accès aux malades. D'éminents médecins qui avaient promis leurs concours commencèrent leurs consultations et les services de salle qui depuis lors ont sauvé tant d'existences menacées par la maladie.

Le dernier rapport du Comité constate que, de 1868 à 1874, plus de *mille* malades internes y ont reçu les soins les plus efficaces, et *vingt mille* externes obtenaient des consultations et des médicaments gratuits.

Toutefois, le Comité manifeste le regret d'être obligé, par suite du nombre des lits, limités à vingt, de refuser un asile aux malheureux qui viennent le réclamer, lorsque ces vingt lits sont occupés. Il voudrait faire plus, mais pour faire plus, il lui faut un budget plus élevé que celui dont il dispose en ce moment et dont il n'arrive qu'à grand peine à faire balancer les recettes et les dépenses. Aussi, fait-il un nouvel et chaleureux appel aux bonnes âmes. Il s'adresse à toutes les nations, mais en particulier à la France qui a un si grand intérêt à soutenir une œuvre fondée en faveur de nos compatriotes souffrants.

Ce Comité a institué des correspondants dans plusieurs villes. A Boulogne, ce titre revenait de droit à MM.

Flageollet frères & Cie, qui ont constamment affirmé leur sympathie à l'œuvre du soulagement et recueilli pour elle des sommes relativement considérables, dont le chiffre révèle combien chez nous, l'idée a été appréciée.

MM. Flageollet se sont associés aux vœux du Comité pour l'extension de l'Hôpital français à Londres; c'est dans ce but qu'ils ont réclamé du Conseil municipal une souscription qui a été allouée à l'unanimité. Une somme de 200 fr. sera versée au nom de la ville de Boulogne.

Ces donateurs ont donné un exemple qui sera imité, nous l'espérons, par beaucoup d'autres, dans la souscription que le Comité boulonnais s'est chargé de faire. Les offrandes sont reçues chez MM. Flageollet frères & Cie, 79, rue Neuve-Chaussée.

L'œuvre est digne d'émouvoir la sympathie et la générosité de tous, et pour s'en convaicre il suffit d'emprunter au rapport, présenté aux souscripteurs, le 7 février 1875, les chiffres suivants :

En 1875, l'Hôpital a accueilli 169 malades, dont 128 français ; le dispensaire a fourni des médicaments à 3402 personnes, dont 2147 français.

L'actif de l'Hôpital au 31 mars 1876 était de 422 livres sterling. Si l'on y ajoute les souscriptions de 1876, prévue pour 1700 livres, on obtient le total de 2122 livres, insuffisant pour le bien à accomplir.

Cet Hôpital est situé 40. A, Lisle Street, Leicester Square, à Londres. C'est là que chaque jour sont donnés des consultations gratuites par des médecins de haute capacité : nommer parmi ces praticiens les docteurs Gueneau de Mussy et A. Vintras c'est faire connaître leur mérite. Les médicaments qu'ils prescrivent sont gratuitement distribués au Dispensaire. Les malades sont reçus à l'Hôpital sur le certificat de l'un des administrateurs où, dans un cas urgent, sur la constatation du médecin de service.

Si l'on veut se faire inscrire sur le livre d'or des bienfaiteurs de l'œuvre, une donation de 25 livres sterlings, au moins, donne droit au titre de gouverneur à vie. Par une souscription de deux années on devient gouverneur et par le versement de dix livres, on est placé au nombre des membres fondateurs.

Mais il y a encore le titre qui s'inscrit dans la conscience, avec la satisfaction d'avoir fait une bonne action, celui de donateur pur et simple, venant en aide à l'œuvre selon ses facultés; c'est le titre qu'ambitionneront tous ceux de nos concitoyens qui songeront au nombre de français qui résident à Londres, et qui, un jour ou l'autre pourront bénir la charité de leurs compatriotes qui leur aura assuré un asile.

LA COLONNE

(N° du Dimanche 26 Novembre 1876)

On sait qu'il existe à Londres, depuis 1867, un Hôpital et un Dispensaire ouverts à tous les étrangers parlant la langue française.

Cet établissement rend de grands services à nos compatriotes et à nos concitoyens qui habitent Londres.

Beaucoup y vont dans l'espoir d'y trouver de l'occupation ; d'autres sont forcés d'y rester pour des raisons politiques ; d'autres aussi par suite de spéculations malheureuses.

Dans tous les cas, la colonie française de Londres est digne de la protection des habitants de la mère-patrie.

Aussi, un Comité chargé de la direction et de la surveillance de cet établissement, où l'on reçoit gratuitement les Français malades, organise de temps en temps des souscriptions en France et en Belgique pour alléger les dépenses.

Ce sont MM. Flageollet frères qui sont chargés de faire cette souscription à Boulogne.

On sait que MM. Flageollet frères sont depuis longtemps déjà *entrepreneurs de transports et consignataires de transit*, ayant des succursales et des correspondants à Paris, à Londres, à Folkestone, etc., etc.

C'est sans doute ce qui a décidé le Comité de Londres de les charger de la souscription en France, en faveur des Français malheureux.

Ces Messieurs, par leurs rapports journaliers avec beaucoup de négociants en France et ailleurs, peuvent mieux que tout autre obtenir pour cet acte de patriotisme et de bienfaisance, un grand nombre de souscripteurs.

Déjà, en 1868 et en 1869, nous avons reproduit les listes de souscription qui ont rapporté des sommes assez rondes. On verra sans doute que celle de 1876 ne sera pas inférieure aux précédentes.

Les Boulonnais et autres qui voudraient contribuer à cette bonne œuvre pourront adresser leurs offrandes à MM. FLAGEOLLET frères et Cie, *rue Neuve-Chaussée*, n° 79.

LISTES DE SOUSCRIPTION

Première liste

La Ville de Boulogne-sur-mer . .	200	»
MM. Béchade, sous-préfet de l'arrondissement de Boulogne-sur-mer . .	10	»
B. Gosselin, président de la Chambre et du Tribunal de Commerce. . .	10	»
Adam et C\ie, banquiers	50	»
G. de Beurand et R. de Poligny, Chassagne (Côte-d'Or)	742	»
L. Luzzani, négociant à Reims. . .	25	»
A Bellanger, café Voisin, Paris . .	25	»
J. Milne, à Auxerre	12 50	
L. Branly et C\ie	5	»
Eug. Patin , ...	5	»
Fréd. Harrewyn fils	5	»
Alf. Delattre, agent de la General Steam Navigation Company. . .	10	»
Munton, Hôtel des Bains	12 50	
Merridew (English Foreign Library).	5	»
D\r Biencourt	5	»
D\r Ovion	5	»
Flageollet Frères et C\ie	52 50	
TOTAL. . .	1.179 50	1.179 50

Deuxième liste

MM. Lonquéty ainé, président de la Société Humaine.	25	»
Mory et C\ie, négociants	25	»
Nollen, Henry et C\ie	25	»
Bonnet frères, E. Quignon et C\ie . .	10	»
Jules Petit	5	»
Delpierre ainé, Widehen et C\ie. . .	5	»
A reporter. . .	1.179 50	

Report	1.179	50

MM. Ch. Hautin et Saint-Georges . . .	5	»
Th. Barnard, agent de la Compagnie South Eastern Railway	20	»
Th. H. Barnard fils	10	»
H. Farmer	10	»
George Dewisme, courtier maritime .	5	»
A. Feuillade	5	»
L'abbé Jonequel, curé de Capécure .	5	»
A. Schilling	5	»
Rousseau, pharmacien	5	»
Dr Bourgain	5	»
N. Berr	3	»
J. Jomin, pharmacien	3	»
Potier, pharmacien	5	»
Ch. Adam	5	»
Guillaume Sauvage	5	»
P. Dorlencourt	10	»

Total . . .	201	»	201

Troisième liste

MM. A. Vidor fils, secrétaire de la Chambre de Commerce, président du Comité de pêche et des salaisons .	10	»
A. et G. Dubout, banquiers	25	»
Ch. Rigaud	10	»
Ansart-Rault, conseiller général . .	10	»
Sauvage, Delpierre et Roberts . . .	10	»
Wood et Cie	5	»
L. Ducoroy	5	»
Lenglet et Daguebert	5	»
William Dean	5	»
A. Sergent, Guerlain et Cie . . .	5	»
Dr Delannoy	5	»
Dr Filliette	5	»
Dr Gros (père)	5	»
Dr Cazin	5	»

A reporter	1.380	50

Report 1.380 50

MM. Sené, pharmacien. . . . . . . 5 »
Dutertre, pharmacien . . . . . 5 »
Delahodde, imprimeur . . . . . 3 »
G. Huret, courtier maritime . . . 5 »
E. Williams. . . . . 5 »
Ségard-Delpierre . . . . 5 »
Cap. Mouton, 46, rue du Prince-Albert 5 »
C. Iggulden (Mme), 22, place Dalton . 5 »
A. Duchochois, rue de la Lampe . . 5 »
A. Fatien et Cie . . . . 3 »
Bourgois-Lamirand . . . . . . 5 »
Ed. Lecerf et fils, Hôtel de la Marine. 5 »
Firmin Haffreingue . . . . . . 5 »
Henry Pay . . . . 5 »
F. Berry, 82, rue de Boston . . . 5 »
W. Eglinton . . . . 5 »
E. Beaucerf. . . . . 5 »
A. Yvart. . . . . 5 »

TOTAL. . . 196 » 196 »

Quatrième liste

Mmes Ve Lefebvre-Sénéca . . . . . . 50 »
Ve E. Alléaume . . . . . . 5 »
Ve C. Furne, propriétaire . . . . 5 »
Ve Leroux . . . . 2 »
Watson . . . . 2 »
Tétens, 26, quai de la Douane . . . 2 »
MM. Ch. Ternaux, membre de la Chambre
de Commerce . . . . 5 »
Violette, ingénieur des ponts-et-
chaussées . . . . 5 »
V. Jacques, adjoint . . . . . . 5 »
J. Chabanel, inspecteur des douanes . 3 »
Jules Poutallié, receveur principal des
douanes . . . . 3 »
E. Débette, vérificateur des douanes. 3 »

A reporter. . . . 1.576 50

Report 1.756 50

MM. P. Rouxel, négociant. . . . . . 10 »

N. Huret fils et Fourrier-Huret . . 10 »

A. Priant (Hôtel du Commerce), con-
seiller municipal . . . . . . 5 »

Guéry, notaire. . . . . 5 »

G. Dervaux. . . . . 5 »

Simonnaire et Cie. . . . . . . 5 »

Eug. Pourre . . . . 5 »

J. Portier . . . . 5 »

Lafosse-Hautin . . . . 3 »

Nolgrove-Le Petit . . . . » . 3 »

Jougounaut, 1, rue Neuve-Chaussée . 2 »

TOTAL . . . 148 »   148 »

Cinquième liste

MM. Adam, ancien Maire de Boulogne. . 20 »

Stoecklin, ingénieur en chef . . . 10 »

Vivenot, ingénieur . . . . . . 5 »

Crouy frères . . . . 10 »

A. Madaré, avocat . . . . . . 10 »

Léon Lesage . . . . 10 »

Louis Mutuel, receveur municipal. . 5 »

A. Lecœur, inspecteur principal du
Chemin de fer du Nord . . . . 5 »

François Fourny, armateur. . . . 15 »

Fourny-Chérie, armateur . . . . 5 »

Altazin-Gin, armateur . . . . . 5 »

Wimet-Ovion, négociant . . . . 5 »

Louis Roberval, propriétaire et direc-
teur d'assurances . . . . . . 5 »

Lemaire, brasseur. . . . . . . 5 »

A. Delhaye, négociant . . . . . 2 »

Dumoulin, avocat. . . . . . . 2 »

J. Van der Zee, négociant . . . . 5 »

Cohen frères, négociants en charbons 5 »

D··· . . . . 1 »

A reporter. . . . 1.724 50

	Report	1.724	50
MM. Huret-Wallet	3	»
A. Descottes . . , ...	2	»
Baronne (Mme la) de Ménil	5	»
Poure-Hopkins	5	»
Abraham, pharmacien	5	»
A. J., colonel	3	»
E. H. B. de Botivor	2	»
S. (Mme), amie de l'œuvre	1	»
Le Commissaire de marine	2	»
Hôtel Christol et Bristol.	5	»
Collieux (Hôtel du Luxembourg) . .	2	»
J. Lambert, confiseur	5	»
Thibout, 23, rue de l'Ecu	1	»
E. Dutertre, négociant, place Dalton.	2	»
Monard-Piquet, rentier	2	»
Coquerel, cordier.	2	»
Tavernier (Mlle), pensionnat, 45, rue des Pipots	5	»
Total. . . 182 »	182	»

Sixième liste

MM. Dr Livois, ancien maire de Boulogne.	5	»
Rougelot de Lioncourt, directeur des douanes	5	»
D. Henry, conseiller général . . .	10	»
William Stigand, vice-consul d'Angleterre	3	»
Lebeau et Cie	20	»
Ernest Caen, commissaire-priseur .	5	»
A. Minet.	5	»
E. Dutertre, pharmacien	6	»
L'abbé Caboche, chanoine honoraire.	5	»
Vantorre, British Hotel	5	»
S. Hamain, pharmacien	5	»
Charles Aigre (Mme V^e)	5	»
Watbled, directeur du Mont-de-Piété.	3	»
Hauff, marchand de fourrures . . .	3	»
A reporter. . . 1.906	50

Report	1.906	50

MM. Carlier-Guilmant	3	»
Esnault et Lambert	3	»
Toitot-Leblond.	5	»
Caveng frères	3	»
Lécaille-Leprêtre (Mme V^e)	3	»
Albert Declercq	2	»
Leblond-Robyn	2	»
Bafoil-Florent	3	»
Niel (Mme), 61, rue des Vieillards . .	3	»
James Webster, 18, rue des Vieillards	5	»
Duhamel-Vigneron, rue des Pipots .	2	»
Morel, rentier.	2	»
E. M. S., 14, rue de l'Ecu	3	»

Report	2.036	»
MM. J. Foissey	3	»
Reynault, tailleur.	5	»
J. S. R, 14, Grande-Rue.	2	»
Picard, 21, Grande-Rue.	3	»
Lavocat-Deseille	3	»
W. J. H. Gambier.	5	»
Rigaux	2	»
J. Beilhartz.	2	»
Caron-St-Maxens.	3	»
Lemaitre-Defrance	1	»
Alex. W. Stewart, 67, Grande-Rue .	5	»
Harbaville, receveur de l'enregistrem^t	2	»
Locqueville-Lemoisson	2	»
Major Brethengham, 56, Grande-Rue.	5	»
Gregory (père).	1	»
Demol-Engrand	2	»
Cléton-Denibas.	2	»
J. H. Cleaps, 107, Grande-Rue. . .	5	»
Flahaut-Maurice	2	»
Léon Caux	5	»
Piget.	1	»
Cazin-Marsan, marchand de meubles.	2	»
Marsan frères.	2	»
Lullier-Keller	1	»
A. Cadix.	2	»
Antoine Docquois.	1	»
Dr Legay	5	»
Revd John Parker.	3	»
A^{te} Dubout	5	»
Mmes J. S. Clark, 38, Grande-Rue . . .	5	»
Gardom	5	»
Duchochois.	2	»
Yvard	5	»
De Chevigney	3	»
Lacour-Sauvage	5	»
Midon	10	»
Leclercq.	5	»
A reporter. . . .	2.036	»

	Report	2.036	»
Mmes De Bosson	1	»	
Anne.	1	»	
Louise Laby	2	»	
J. Neal	2	»	
Tardieu	1	»	
Total. . .	187	»	187 »

Huitième liste

MM. Aug. Huguet, sénateur, maire de Boulogne-sur-mer	25	»
Camille Leroy, imprimeur	10	»
Plantard de Laucourt	5	»
A. de Laune	5	»
Baron de Torcy	5	»
Della Torre	5	»
Brilliard-St-Gest	5	»
Frère Ebertus, directeur de l'Ecole chrétienne, place Navarin . . .	1	»
Les Pères Rédemptoristes	5	»
Buret-Copin	2	»
Orteil-Detammaker	2	»
Carbonnier-Orteil	2	»
Delacour	2	»
Boutoille	1	»
Thoor-Deseille.	2	»
R. E. Atkins	3	»
Anonyme	5	»
Anonyme	1	»
Steinmetz	2	»
Al. Fréville.	3	»
Cagny	2	»
M. Emmett.	2	»
Siesto	3	»
E. Baillieu	2	»
Doriencourt-Marsan	3	»
J. Douglas	2	»
A reporter. . .	2.223	»

	Report	2.223	»
MM. Whiting, 1, rue de Tivoli		2	»
Bouvet		2	»
Ducarnoy		1	»
G. Horeau		5	»
C. Rivett-Carnal, 37, rue Basse-des-Tintelleries		5	»
Louis Hénon		1	»
Anonyme		»	50
Loire-Renaux		2	»
Défiez-Leduc		1	»
Huleux-Cordier		2	»
François		2	»
Boutoille		3	»
Bouloch, architecte		3	»
Delanoye-Vandaele		5	»
Lannoy-Héroult		2	»
J. Guerrier.		5	»
J. Péron.		2	»
Anonyme		2	»
Colombe, 27, rue de Bréquerecque .		10	»
Mᵐᵉˢ Joseph Fontaine		5	»
Vᵉ Cutts et ses enfants		5	»
Les Religieuses de Saint-Joseph . .		3	»
Les Sœurs de la Retraite chrétienne.		4	»
Les Sœurs de Nazareth		2	»
Deroy		2	»
Vᵉ Clipet		3	»
Elwes		2	»
J. H..		2	»
De Beauvoir		1	»
Froment		1	»
Vᵉ Gorrée		»	50
E. M.		2	»
Victoire Leroy.		2	»
Alf. Leroy		1	»
Cornuel		2	»
	Total . . .	198 »	198 »
	A reporter . . .	2.421	»

Report. . . . 2.421 »

Neuvième liste

MM. Henri de Candt	10	»
A. Carpentier, inspecteur des écoles .	1	»
Wallet, curé de St-Michel	3	»
Allaud, officier en retraite	2	»
Anonyme	2	»
Dézé, professeur au collége. . . .	2	»
N. C. (Mme), 106, rue de la Paix . .	1	»
A. M. R. D	3	»
M. Degreman	2	»
A. M. P. Tomkinson, rue Marignan .	2	»
O. B. Carew, 134, rue de la Paix . .	5	»
M. Beaghel.	2	»
H. R. 20, rue de Calais	2	»
Debette-Prevost . . . . · . .	2	»
Douault	2	»
Anonyme (Mlle S. T.).	2	»
H. C. L., 5, rue de Tivoli	2	»
Anonyme, 16, rue de Tivoli.	2	»
Douriez-Dewisme.	5	»
Bénard, avoué.	5	»
Les Dames Ursulines.	3	»
Dr Gros fils.	5	»
Frédéric Varlet, avoué	5	»
Delahodde, entrepreneur	3	»
Louis Mesureur (Mme)	5	»
Louis Bénard, secrétaire de la Mairie	2	»
A. Lefebvre, rue d'Artois	2	»
Le Petit.	3	»
Les Dames Annonciades.	5	»
Papeleu de Nordhout (Mme). . . .	2	»
Lemattre, Enclos de l'Evêché . . .	2	»
Les Pères de la Compagnie de Jésus (Ecole libre de Notre-Dame). . .	3	»
Camille Vasseur (Mme), Enclos de l'Evêché	5	»
De Colbert (Mme)	5	»

A reporter. . . 2.421 »

Report . . . . 2.421 »

MM. L'abbé Jonas . . . . 5 »
    Miss Ververs, 1, rue Guyale . . . 5 »
    Papegaey-Graves . . . . 10 »
    Biausse, rentier, 9, rue St-Louis . . 1 »
    L'abbé Duval, aumônier de l'Hospice . 3 »
    J. Plus, huissier . . . . 2 »
    Chamonin, 32, rue Neuve-Chaussée . 2 »
    Van Hecke . . . . 3 »
    Anonyme, rue d'Assas . . . . . 1 »

TOTAL . . . 139 »   139 »

Dixième liste

MM. Georges Goulet et Cⁱᵉ, négociants en
    vins de Champagne, à Reims . . 25 »
    Alexandre Perin, à Liverpool . . . 20 »
    Brunschwig, à Honfleur . . . . 10 »
    De Beaumont, président du tribunal . 5 »
    Audibert . . . . 5 »
    Léon Dubois, architecte . . . . 3 »
    Noël-Brebion . . . . 1 »
    Reisenthel-Douriez . . . . . . 3 »
    Lipsin . . . . 5 »
    Sergent . . . . 5 »
    L. Sanson . . . . 5 »
    L. Bernard . . . . 5 »
    Jules Roger, chef d'institution . . 5 »
    A. R. Davies . . . . 2 »
    Jules Dutertre . . . . 5 »
    Ch. Houcke . . . . 3 »
    L'abbé Desclers . . . . 1 »
    Vandome . . . . 1 »
    De Longueville, 27, rue Saint-Jean . 5 »
    Lemattre-Morel . . . . 5 »
    Aug. Poirel, conseiller d'arrondissᵗ . 5 »
    Ponticourt, notaire . . . . . . 5 »
    Emile Cardon, notaire . . . . . 5 »

A reporter . . . 2.560 »

Report . . . . 2.560 »

MM. Janin . . . . 2 »
    Leblanc-Boucher . . . . 2 »
    L. Delcourt . . . . 5 »
    E. de Rosny . . . . 5 »
    Lamour . . . . 1 »
    Léopold de Rocquigny . . . . . 5 »
    Bouclet d'Halewyn . . . . . . 5 »
    Ch. de Lavigne . . . . 5 »
Mmes Ve Douriez . . . . 3 »
    Ve Dutertre d'Elmarcq, rue St-Jean . 2 »
    Maclean . . . . 5 »
    Joseph Cuffe . . . . 5 »
    De Valois . . . . 4 »
    Renaut . . . . 3 »
    A. Pesant . . . . 1 »
    Marteau . . . . 5 »
    Chomel . . . . 2 »
    Les Religieuses du Bon-Secours . . 2 »
    Grandsire aîné . . . . 5 »
    D'Obrée . . . . 10 »
    De Blaisel du Rieux . . . . . . 5 »
    Morand . . . . 5 »
    Graham . . . . 5 »
    De Montbrun . . . . 5 »

TOTAL . . . 231 »   231 »

Onzième liste

MM. Morand-Delalleau . . . . . . 5 »
    Bary, notaire . . . . 5 »
    Merlin, avocat . . . . 5 »
    De Cappot . . . . 3 »
    L'abbé Sagot . . . . 5 »
    Id. Drincqbier . . . . 3 »
    Id. Cazin . . . . 2 »
    Id. Allègre . . . . 5 »
    Id. Becquet . . . . 1 »

A reporter . . . 2.791 »

Report . . . . 2.791 »

Le Petit Séminaire	5	»
MM. Em. Wallet, économe du Collége . .	3	»
Anonyme	2	»
A. Cayeux	5	»
S. Aly, 22, rue de Maquétra. . . .	5	»
R. Aly	5	»
Chartaux	5	»
L. Baret.	2	»
Agez-Battel, 199, rue Royale . . .	1	»
Wallon, rue Royale	1	»
Alf. Dewisme, rue du Four-à-Chaux .	2	»
Leroy-Guerlain, rue du Four-à-Chaux	5	»
De Haffreingue	1	»
Bourgeois	2	»
Anonyme	2	»
Régnier	1	»
Lougnan et Mme Mary	5	»
Ch. Piques	2	»
Alex. Lorgnier	5	»
Ch. de Bazinghen	5	»
A. Baudoin.	2	»
Vicomte de Nanteuil	5	»
St-Maxens	2	»
Pérard	2	»
A. Constantin	2	»
F. Lequien	5	»
Testar-Copin	2	»
Laurent Raux	1	»
Serry-Renaux	1	»
Vasseur-Dupuis, 33, rue de Lille . .	1	»
Pérard-Ramelot	1	»
Philippot-Leblanc.	2	»
J. Bonnet	2	»
Louis Poignant-Brebion.	2	»
Les Dames de la Visitation. . . .	5	»
Mmes Powel	5	»
Maquaire, fabricante d'eaux gazeuses	2	»
Morel	2	»

A reporter. . . 2.791 »

Report . . . . 2.791 »

Mmes Patriarche	2 »
Desquartcer	1 »
Lehocq-Rivière	1 »
Eyston	5 »
Delalleau	2 »

Total . . . 153 »   153 »

Douzième liste

MM. Eug. Lacour . . . . 5 »
    C. de Neckers . . . . 2 »
    Le baron Le Cordier . . . . . . 5 »
    Wittoire . . . . 2 »
    H. Marchand . . . . 2 »
    Pinard-Broussier . . . . . . 1 »
    Laforge-Joiret . . . . 1 »
    Mougenot, receveur des postes . . 1 »
    J. W. A. Otto . . . . 2 »
    Delamotte-Rault . . . . . . 1 »
    Coustillier, marchand de meubles . . 3 »
    M. Chéry . . . . 2 »
    Lequeutre et sœurs . . . . . 3 »
    Penon . . . . 3 »
    Anonyme . . . . » 50
    E. Picquet . . . . 1 »
    H. Daudin . . . . 1 »
    J. Mai . . . . 5 »
    E. Famchon . . . . 5 »
    O. Briet, principal du Collége . . . 5 »
    P. Lannoy . . . . 1 »
    Henry Watbled . . . . . . 5 »
    Colonel Stewart . . . . . . 5 »
    De Cauville . . . . 3 »
    Joseph de France . . . . . . 3 »
    Quelle, porte Gayolle . . . . . 5 »
    L'abbé Senet, curé de Saint-François-
    de-Sales . . . . 5 »

À reporter . . . 2 911 »

	Report	2.941	»
MM. L'abbé Drincqbier, vicaire à St-Nicolas	1	»
L'abbé Ellart, rue des Prêtres . . .	1	»
L'abbé Delattre, rue des Prêtres . .	1	»
Jules Lemattre, 63, rue des Vieillards	3	»
Capet-Menuge.	»	50
Desenclos, 45, rue du Bras-d'Or . .	1	»
Halluin	2	»
Les Passionnistes.	2	»
Em. Peyrolier	1	»
Lefebvre-Denibas.	2	»
J. Cottet.	3	»
Polesi	1	»
Louis Lefebvre, banque générale de crédit, 16, rue de l'Ecu	1	»
P. Thévenin	2	»
Mmes Young	5	»
Gillott	5	»
Duchochois.	2	»
Cousin	2	»
Sheldon	2	»
Leigh	3	»
Leprince-Brulé	2	»
Marie Ducrocq	1	»

Total. . . 121 » 121 »

Total général . . . . . 3.065 »

LETTRE

de

MONSIEUR RIMMEL, SECRÉTAIRE HONORAIRE DE L'ŒUVRE

Londres, 12 Décembre 1876.

Messieurs Flageollet Frères & Cᵉ, Boulogne-sur-Mer

MESSIEURS,

Le Comité de l'Hôpital Français a reçu, par M. G. Masson, avis des efforts que vous faisiez en ce moment, pour l'aider à subvenir à ses pressants besoins, et du succès que vous aviez déjà obtenu dans les souscriptions ouvertes sous vos auspices.

Je viens vous transmettre l'expression de la vive reconnaissance du Comité, pour cette nouvelle marque de sympathie pour son œuvre et vous assurer qu'il fera tout ce qui dépendra de lui pour seconder votre zèle. Il va vous transmettre une certaine quantité de circulaires résumant en quelques lignes le but et les résultats de l'Hôpital Français, et compter sur votre obligeante assistance pour les répandre le plus possible en France.

Veuillez agréer, Messieurs, l'assurance de ma parfaite considération.

(Signé) : RIMMEL.

Secrétaire Honoraire.

"